CORPS LÉGISLATIF.

COMMISSION DU CONSEIL DES CINQ-CENTS.

RAPPORT

FAIT

PAR ÉMILE GAUDIN

(De la Loire),

Sur l'organisation définitive de l'Ecole polytechnique.

Séance du 16 frimaire an 8.

CITOYENS REPRÉSENTANS,

LES Consuls de la République vous ont adressé, le 2 de ce mois, un message pour vous proposer de statuer sur l'organisation définitive de l'Ecole polytechnique. Le projet de résolution que je viens vous

4   A

soumettre à cet effet, au nom de la section de législation, est, à quelques changemens près, celui qui avoit été adopté dans la séance du 22 vendémiaire, sur le rapport de notre collègue Berthélemy (de la Corrèze).

Les changemens apportés tiennent, les uns à la forme, les autres au fond même de la chose.

Quant à la forme, ils consistent dans une rédaction plus précise, et dans une classification plus méthodique des titres et des articles.

Quant au fond, ils sont le fruit des lumières et de l'expérience des instituteurs de l'Ecole, chez lesquels le patriotisme, la science, le désintéressement et la modestie se combinent dans le degré le plus éminent pour la gloire et l'utilité de la France républicaine.

Les amendemens que de tristes circonstances avoient introduits, et qui tendoient vers un but directement contraire aux vues, sans doute bonnes, de ceux qui les avoient proposés, ont été écartés.

Les instituteurs et agens principaux, de seize, sont portés à dix-huit. Cette augmentation a été jugée rigoureusement nécessaire; mais le surcroît de dépenses qu'elle occasionnera est plus que compensé par la réduction de la somme de 77,000 francs, précédemment attribuée pour les dépenses autorisées par l'article XLV, à celle de 61,500 francs.

Vous remarquerez, citoyens représentans, que, dans ce nouveau projet, l'égalité des droits, la distinction des talens, ces basses essentielles de notre régime républicain, sont aussi soigneusement que solidement garanties.

Tout y est également calculé pour réaliser sûrement les espérances qu'avoit fait concevoir cette grande et belle conception qui honore la révolution française, et qui fait pressentir, ou plutôt qui fait même déjà goûter ses bienfaits. De ce foyer précieux des sciences et des arts, la société française verra jaillir annuellement des rayons d'où réfléchiront la défense et la sûreté de tous, la prospérité commune et la jouissance individuelle.

Citoyens représentans, parmi les services essentiels et multipliés que la Convention nationale a rendus au peuple français, la création de l'école polytechnique occupe un des premiers rangs.

En l'organisant définitivement, en la consolidant, vous vous associerez en quelque sorte à sa gloire, vous recueillerez ainsi qu'elle la reconnoissance publique.

Voici le projet de résolution que je suis chargé de vous présenter.

PROJET DE RÉSOLUTION.

La Commission du Conseil des Cinq-Cents, créée par la loi du 19 brumaire an 3, délibérant sur la proposition formelle de la Commission consulaire exécutive, contenue dans son message du 2 de ce mois, de statuer définitivement sur l'organisation de l'école polytechnique ;

Considérant que la réorganisation de cette école est commandée spécialement par l'intérêt des services publics, pour lesquels elle forme des élèves ; qu'il convient de lui donner instamment la perfection que le temps et l'expérience ont indiquée, et de régler la dépense qui doit lui être affectée,

Déclare qu'il y a urgence.

A 2

La Commission, après avoir reconnu l'urgence, prend la résolution suivante

TITRE PREMIER.

Dispositions générales.

ARTICLE PREMIER.

L'école polytechnique est destinée à répandre l'instruction des sciences mathématiques, chimiques, et des arts graphiques, et particulièrement à former des élèves pour les écoles d'application des services publics ci-après désignés.

Ces services sont : *L'artillerie de terre, l'artillerie de la marine, le génie militaire, les ponts et chaussées, la construction des vaisseaux et bâtimens civils de la marine, les mines et les ingénieurs géographes.*

II.

Le nombre des élèves de l'école polytechnique est fixé à *trois cents.*

TITRE II.

Mode d'admission des candidats à l'école polytechnique.

III.

Tous les ans, le premier jour complémentaire, les consuls de la République feront ouvrir un examen pour l'admission des élèves ; *il devra être terminé le 30 vendémiaire.* Cet examen sera fait par des examinateurs nommés par le ministre de l'intérieur, lesquels se rendront à cet effet dans les principales communes de la République.

I V.

Ne pourront se présenter à l'examen d'admission que des Français âgés de seize à vingt ans à l'époque du premier vendémiaire ; ils seront porteurs d'un cer-tificat de l'administration municipale de leur domicile, attestant leur bonne conduite et leur attachement à la République.

V.

Tout Français qui aura fait deux campagnes de guerre dans l'une des armées de la République en acti-vité, ou un service militaire pendant trois ans, sera admis à l'examen jusqu'à l'âge de vingt-six ans accom-plis.

V I.

Les connoissances mathématiques exigées des can-didats seront, les *élémens d'arithmétique, d'algèbre*, de *géométrie* et de *mécanique, conformément* au programme rendu public par le ministre de l'intérieur, sur la pro-position du conseil de perfectionnement.

V I I.

Les examens d'admission seront publics. Les admi-nistrations municipales des lieux où ils se feront, char-geront un de leurs membres d'y assister. Chaque can-didat sera préalablement interrogé sur la *dé-laration des droits et des devoirs du citoyen et sur la constitution*, par un citoyen nommé par l'administration municipale, lequel signera le procès-verbal d'examen.

V I I I.

Chaque candidat déclarera à l'examinateur le service public pour lequel il se destine, et sa déclaration sera insérée au procès-verbal de son examen, et les élèves n'auront pas la faculté de changer leur destination primitive.

Les ministres indiqueront, avant l'ouverture des examens, le nombre des élèves nécessaires pour remplir les besoins présumés des différens services pendant l'espace de l'année, afin qu'il soit assigné à chacun de ces services un nombre d'élèves au moins égal à celui indiqué par les ministres.

I X.

Le 6 brumaire, au plus tard, les examinateurs se réuniront à Paris ; et concurremment avec les deux examinateurs de mathématiques, pour la sortie des élèves dont il sera parlé ci-après, ils formeront le jury d'admission.

X.

Ce jury arrêtera la liste par ordre de mérite de tous les candidats jugés en état d'être admis, et il l'adressera au ministre de l'intérieur, qui expédiera les lettres d'admission suivant l'ordre de la liste, et jusqu'à concurrence des places à remplir.

X I.

Les élèves admis seront tenus de se rendre à l'école polytechnique pour le premier frimaire ; ils recevront pour leur voyage le traitement de leur grade (sergent d'artillerie), marchant sans étape, sur une feuille de route qui leur sera délivrée par le commissaire des guerres de l'arrondissement de leur domicile, à la vue de leur lettre d'admission.

TITRE III.

Objet de l'enseignement, mode et durée de l'enseignement.

XII.

L'enseignement donné aux élèves, leurs études et leur travail auront pour objet les mathématiques, la géométrie descriptive, la physique générale, la chimie et le dessin.

Relativement aux mathématiques.

XIII.

Les élèves augmenteront leurs connoissances de toute l'analyse nécessaire à l'étude de la mécanique; ils feront un cours de mécanique rationnelle; ils recevront une instruction étendue, tant orale que graphique, sur la géométrie descriptive pure; enfin ils feront des cours d'application de la géométrie descriptive aux travaux civils, à la fortification, à l'architecture, aux mines, aux élémens des machines, et aux constructions navales.

Relativement à la physique et à la chimie.

XIV.

Les élèves feront chaque année un cours de physique générale, un cours de chimie élémentaire; un cours de minéralogie et chimie appliquées aux arts; enfin ils seront exercés aux manipulations chimiques.

Relativement au dessin.

X V.

L'instruction embrassera tous les genres propres à former la main, l'intelligence et le goût des élèves.

X V I.

Toutes ces études se feront dans l'espace de deux années ; leur répartition, l'emploi du temps, les développemens des diverses parties seront déterminés par un programme, fait chaque année par le conseil de perfectionnement.

T I T R E I V.

Régime et discipline des élèves.

X V I I.

Les élèves seront considérés comme sergens d'artillerie ; ils porteront un habillement uniforme avec boutons portant ces mots : *Ecole polytechnique.*

X V I I I.

Les élèves seront partagés en deux divisions : la première, composée des élèves nouvellement admis, la seconde, des élèves anciens.

X I X.

Tous les élèves de la seconde division seront tenus, à la fin de leur cours, de se présenter à l'examen pour l'un des services publics auquel ils se seront destinés. Ceux qui s'y refuseroient se retireront de l'école.

X X.

Ceux des élèves qui n'auront pu être admis dans les services publics seront tenus de se retirer de l'école après leur troisième année.

Pourra néanmoins le conseil de l'école leur accorder une quatrième année, soit pour cause de maladie, soit pour raison du défaut des places dans les services publics; soit enfin en raison du talent reconnu de ceux qui desireroient augmenter leurs connoissances; mais, dans tous les cas, le nombre de ces élèves restans ne pourra excéder vingt.

X X I.

Dans le cas d'inconduite de la part des élèves, ils pourront être renvoyés de l'école par le conseil d'instruction; mais ce conseil devra pour cela être composé de douze membres au moins, et il ne pourra prononcer le renvoi qu'après avoir entendu les élèves, et qu'aux deux tiers des voix.

X X I I.

Les élèves qui auront quitté l'école pour quelque raison que ce soit, ne pourront y être reçus de nouveau qu'après l'intervalle d'une année, et suivant le mode déterminé pour la première admission.

Rapport de Gaudin. A 5

XXIII.

Les élèves sortant de l'école par l'effet des articles précédens commenceront dès-lors leur première année de conscription, s'ils ont vingt ans accomplis.

Le directeur et l'administrateur seront tenus d'en instruire les administrations municipales respectives d'où ressortent ces élèves.

Quant à ceux reçus dans les écoles d'application des services publics qui ne font pas partie de l'état militaire, il sera incessamment pourvu au moyen de concilier les services civils avec les lois de la conscription et de la réquisition. En attendant, le pouvoir exécutif maintiendra, dans les écoles polytechnique, des ponts et chaussées, des mines et des géographes, pour y continuer leurs études, les élèves qui en faisoient partie au 12 prairial dernier ; et il rappellera les ingénieurs à leurs fonctions : mais ils seront tous à la disposition du ministre de la guerre, comme le sont les élèves des ponts et chaussées, d'après les lois des 9 mars et 16 septembre 1793.

XXIV.

Il sera arrêté par le conseil de perfectionnement, sur la proposition du conseil de l'école, un réglement particulier, tant sur l'uniforme que sur les autres objets de police, et les peines de correction qui seront jugées nécessaires pour maintenir le bon ordre, l'assiduité des élèves, et assurer le bon emploi de leur temps.

TITRE V.

Mode d'examen pour l'entrée des élèves dans les écoles d'application des services publics.

XXV.

Les élèves de la première division subiront, à la fin de leurs cours, un examen régulier pour passer dans la deuxième division. Ceux qui ne seront pas jugés capables d'y être admis pourront rester encore une année, après laquelle ils se retireront de l'école, si, par l'effet de l'examen, ils n'ont pas mérité de passer à la deuxième division.

XXVI.

Les examens du concours pour l'admission dans les écoles de services publics seront ouverts tous les ans à l'école polytechnique, le premier vendémiaire, entre les élèves de la deuxième division, et ceux qui étant sortis de l'école l'année précédente pourront encore se présenter en concurrence pour cette fois seulement.

XXVII.

Les examens pour chacune des deux divisions se feront sur toutes les parties de l'enseignement de cette division, conformément aux programmes fournis aux examinateurs par le conseil d'instruction et arrêtés par le conseil de perfectionnement.

L'examen pour chaque service sera public, et fait en présence d'un officier général ou agent supérieur de ce service, qui sera désigné chaque année par les ministres respectifs.

XXVIII.

Chaque élève, ou autre concurrent, sera interrogé par trois examinateurs : l'un, pour les parties mathématiques ; le second, pour la géométrie descriptive et de dessin ; le troisième, pour la physique et la chimie.

XXIX.

L'examen sur les mathématiques étant long et pénible, il y aura deux examinateurs pour cet objet. Ils auront en outre des fonctions permanentes à l'école pour prendre connoissance, dans le courant de l'année, des progrès des élèves.

XXX.

Dès que l'examen pour un des services sera terminé, les quatre examinateurs et le directeur de l'école se réuniront en jury pour former la liste, par ordre de mérite, des candidats reconnus avoir l'instruction et les qualités requises pour être admis dans ce service ; ils y seront en effet reçus en même nombre que celui des places vacantes, et suivant le rang qu'ils occuperont sur la liste.

XXXI.

Si quelque candidat, quoique suffisamment instruit, se trouvoit affecté d'une infirmité qui le rendît peu propre au service auquel il aspireroit, le jury en exprimeroit son opinion dans le compte qu'il rendroit de l'examen au ministre que le service concerne ; celui-ci pourroit prononcer l'exclusion, s'il y avoit lieu.

TITRE VI.

Des instituteurs et membres du conseil d'instruction et administration.

XXXII.

Les agens chargés en chef de l'instruction, de la surveillance et de l'administration de l'école sont, savoir ;

Quatre instituteurs d'analyse et mécanique.

Quatre instituteurs de géométrie pure et appliquée.

Trois instituteurs de chimie.

Un instituteur de physique générale.

Un instituteur de dessin.

Un inspecteur des élèves.

Un adjoint à l'inspecteur des élèves, chargé du cours d'architecture.

Un administrateur.

Un officier de santé.

Un bibliothécaire faisant les fonctions de secrétaire.

Ces dix-huit instituteurs ou agens en chef, composeront le conseil d'instruction et d'administration, qui tiendra ses séances au moins une fois par décade, et qui sera présidé par le directeur ou son suppléant, pris l'un et l'autre parmi les instituteurs.

TITRE VII.

Du conseil de perfectionnement.

XXXIII.

Outre le conseil d'instruction et administration, il y aura un conseil de perfectionnement, qui tiendra ses séances pendant brumaire. Les membres composant ce conseil seront : les quatre examinateurs de sortie pour les services publics; trois membres de l'institut national, pris dans la classe des sciences mathématiques et physiques parmi ceux qui s'occupent spécialement de la géométrie, de la chimie, ou des arts graphiques; les officiers généraux ou agens supérieurs qui auront été présens aux examens d'admission dans les services publics; le directeur de l'école, et enfin quatre commissaires nommés par le conseil d'instruction, parmi les membres qui le composent.

X X X I V.

Le conseil de perfectionnement fera, chaque année, un rapport aux Consuls de la République, sur la situation de l'école, et sur les résultats qu'elle aura donnés pour l'utilité publique.

Il s'occupera en même temps des moyens de perfectionner l'instruction, et des rectifications à opérer dans les programmes d'enseignement et d'examen.

T I T R E V I I I.

Des agens secondaires.

X X X V.

Le nombre des agens secondaires nécessaire à l'instruction et à l'administration, et leur traitement respectif, seront déterminés à raison du besoin, par le réglement intérieur, arrêté par le conseil d'instruction et administration, et approuvé par le ministre.

La somme affectée aux traitemens de tous ces agens secondaires, ne pourra excéder celle de 61,400 fr.

TITRE IX.

De la nomination des membres des conseils, examinateurs et autres agens de l'école.

XXXVI.

La nomination des deux examinateurs de mathématiques en service permanent, se fera par les Consuls de la République, sur la présentation du conseil de perfectionnement, et d'après le rapport du ministre de l'intérieur.

Les autres examinateurs seront appelés, chaque année, à leurs fonctions, par le même ministre.

XXXVII.

La nomination du directeur et des membres du conseil d'instruction et administration, sera faite par les Consuls de la République, sur la présentation du conseil de perfectionnement, et sur le rapport du ministre de l'intérieur.

Celle du directeur sera renouvelée après la troisième année.

Son suppléant sera choisi chaque année par le conseil d'instruction.

XXXVIII.

La nomination des agens secondaires se fera par le conseil d'instruction, approuvée par le ministre.

XXXIX.

En cas d'inconduite ou de négligence de la part des fonctionnaires attachés à l'école, la destitution en sera prononcée par la même autorité à laquelle la nomination a été déférée par les articles précédens.

TITRE X.

Des traitemens et autres dépenses de l'école.

XL.

Chacun des membres du conseil d'instruction et administration jouira du même traitement que celui affecté aux fonctions analogues au Museum d'histoire naturelle et à l'école de santé de Paris.

Le traitement de l'officier de santé sera de 3000 fr.

XLI.

Les deux examinateurs de mathématiques, en service permanent, jouiront du même traitement que les instituteurs.

Les autres examinateurs jouiront aussi du même traitement; mais pendant trois mois seulement, sauf une indemnité pour frais de voyage.

XLII.

Le directeur, outre son traitement d'instituteur, jouira, à titre d'indemnité, de 2000 fr. par an.

XLIII.

Les élèves jouiront de la solde de 98 centimes par jour, affectée au grade de sergent d'artillerie par la loi du 23 fructidor an 7.

Ce traitement sera payé comme subsistance militaire, sur les fonds de la guerre, entre les mains de l'agent comptable de l'école, et d'après le contrôle nominatif dûment certifié par l'administrateur et visé par le commissaire des guerres.

X L I V.

Outre la solde fixée par l'article précédent, il sera alloué chaque année une somme de 20,000 fr. dont la distribution sera réglée par le conseil d'instruction à raison de 18 francs par mois, au plus, aux élèves qui lui auront justifié, ne pouvoir se passer de ce secours.

X L V.

La somme affectée aux consommations journalières des élèves, aux expériences de physique et de chimie, au perfectionnement des porte-feuilles et collections, aux dépenses d'entretien des bâtimens et aux frais de tournée, pour les examens, ne pourra excéder 61,500 francs.

X L V I.

Cette somme sera répartie d'après les arrêtés du conseil de perfectionnement et les états estimatifs de l'administration, approuvés chaque année par le ministre, selon les besoins de l'école.

X L V I I.

Les dépenses de l'établissement seront ordonnancées par le ministre de l'intérieur et sur les fonds y affectés chaque année par le Corps législatif.

T I T R E X I.

De la relation des écoles d'application des services publics avec l'école polytechnique.

X L V I I I.

En conséquence des articles précédens et pour leur entière exécution, les Consuls de la République feront incessamment toutes les dispositions pour fixer la relation nécessaire entre l'école polytechnique et les écoles d'application des services publics.

X L I X.

Chaque ministre, en ce qui le concerne, chargera les officiers généraux ou agens supérieurs des services publics, faisant partie du conseil de perfectionnement, de proposer audit conseil des programmes d'instruction pour les écoles d'application, de manière que l'enseignement y soit en harmonie et entièrement coordonné avec celui de l'école polytechnique.

L.

Ces programmes seront approuvés et arrêtés définitivement par les ministres respectifs pour être ensuite rendus publics et suivis dans les écoles d'application.

L I.

L'école de Châlons sera une école d'application pour l'artillerie, à l'instar de celle de Metz pour le génie militaire, de celles de Paris pour les ponts et chaussées, les mines et les géographes.

L I I.

Le local occupé en ce moment par l'école poly-technique est et demeure affecté au service de cet établissement.

L I I I.

Au moyen des dispositions ci-dessus, il est dérogé à toutes celles des lois antérieures qui y seront contraires.

La présente résolution sera imprimée ; elle sera portée à la Commission du Conseil des Anciens par un messager d'état.

A PARIS, DE L'IMPRIMERIE NATIONALE.

Frimaire an 8.

www.ingramcontent.com/pod-product-compliance
Lightning Source LLC
Chambersburg PA
CBHW060719280326
41933CB00012B/2495